MON GRAND-PÈRE ÉTAIT
CUISINIER ET IL M'A APPRIS...
QUE LES BONS PLATS
POUVAIENT TOUCHER LE
CŒUR DES GENS.

CES MOTS M'ONT PERMIS DE NOURRIR UN RÊVE.
UN AMOUR DE CUISINIER
1 皿目
PRINCE OF RECIPE

SOMMAIRE

003
Un amour de cuisinier
1er plat

035
Un amour de cuisinier
2e plat

069
Un amour de cuisinier
3e plat

101
Un amour de cuisinier
4e plat

117
Un amour de cuisinier
5e plat

145
Un amour de cuisinier
6e plat

169
Un amour de cuisinier
7e plat

201
Un amour de cuisinier
Dessert
BONUS

デデーポッポー
oui oui
デデーポッポー
oui oui
AM
BIP
BIP
PAH
EH OUI...
SHIK
SHIK
JE NE MÉNAGE PAS MES EFFORTS...
VÎM
VROOM

HM
HM
POUR DEVENIR AUSSI BON QUE L'ÉTAIT MON GRAND-PÈRE.
Aïe !
AUCUN EFFORT.
GUP
GUP
J'ÉTUDIE LA CUISINE DANS CETTE ÉCOLE, TOUTE LA JOURNÉE.
MUH
SAKAI !
SAKAI

JE CROIS QUE J'AI TROP SALÉ LA PÂTE.
Tu veux bien la goûter pour moi ?
BRR
SAKAI ?
OUAH ?!
BLAM
QU'EST-CE QUI SE PASSE DANS LE GROUPE 2 ?
SAKAI S'EST ÉVANOUI !
MAIS...
C'EST PAS...
FACILE.
Lounge
BEUH

ÇA VA ?
ON M'A DIT QUE TU T'ÉTAIS ÉVANOUI.
NAKAHARA.
OUI, ÇA VA MIEUX.
TU DEVRAIS RALENTIR UN PEU.
TU TE LÈVES TOUS LES JOURS À 4H ET TU AS 3H DE TRAJET JUSQU'À L'ÉCOLE.
HEIN ?
...
JE SAIS ...
APRÈS AVOIR TENU UN AN À CE RYTHME, J'AI ATTEINT MA LIMITE.
GRR GRR GRR
MAIS JE NE PEUX PAS ME PERMETTRE DE VIVRE SEUL, JE N'AI PAS LE TEMPS POUR UN PETIT BOULOT...
ET LES COURS SONT DE PLUS EN PLUS DURS.
OUI... ÇA CRAINT !
C'EST CLAIR...
Ouais.
BON ALLEZ, J'AI UNE BONNE NOUVELLE...
ET ÇA VA TE REMONTER LE MORAL !
CLAP CLAP CLAP

DIS-MOI !
L'AMI D'UN AMI VIT EN COLOCATION À DIX MINUTES D'ICI.
IL VA QUITTER SA CHAMBRE POUR VIVRE AVEC SA COPINE ET IL CHERCHE QUELQU'UN POUR LE REMPLACER.
ÇA TE DIT ?
APPAREMMENT LE PRIX DU LOYER DÉFIE TOUTE CONCURRENCE.

LA VIEILLE BARAQUE...
Pff
MAIS JE SUIS PAS EN MESURE DE CRITIQUER.
Ha !
SAKAI ?
OUI, BONJOUR.
JE SUIS SHIMURA, ON S'EST PARLÉ AU TÉLÉPHONE, MERCI D'ÊTRE VENU.
C'EST MOI QUI VOUS REMERCIE.
LA MAISON EST ANCIENNE, MAIS L'INTÉRIEUR A ÉTÉ COMPLÈTEMENT REFAIT À NEUF.
HO !
C'EST UN 4 PIÈCES AVEC SALON, CUISINE ET DRESSING.
LES TOILETTES SONT ÉLECTRONIQUES ET VOUS POUVEZ PRENDRE UN BAIN QUAND VOUS LE VOULEZ.
TSING
LÀ C'EST MA CHAMBRE.
OUAH ! ELLE EST BELLE !
C'EST LE DRESSING ?
TCHAC
HAA ! HAA !

EXCUSEZ-MOI, MAIS UN DES COLOCATAIRES S'EN SERT POUR RANGER SES AFFAIRES, ON NE PEUT PAS ENTRER.
Ah...
PARDON.
ET OÙ SONT LES AUTRES LOCATAIRES ?
ILS SONT TOUS SORTIS.
AH... BIEN SÛR...
CE SONT DES GENS TRÈS BIEN. TROIS GARÇONS.
J'AIMERAIS BIEN LES RENCONTRER AVANT DE ME DÉCIDER.
Ha...
...
HUUM...
J'OUBLIAIS, VOUS ÊTES DEUX À VOULOIR EMMÉNAGER.
D'AILLEURS, L'AUTRE PERSONNE A ADORÉ LA MAISON ET VA ME DONNER SA RÉPONSE TRÈS BIENTÔT.
AH BON ?
SWIP
SWIP
CEPENDANT C'EST À VOUS QUE J'AIMERAIS LAISSER MA CHAMBRE.
VRAIMENT.
VOICI LE LOYER PROPOSÉ.
¥
!!

L'AFFAIRE EST CONCLUE !
OK !
YEAH !!
*交渉成立!!
*FIN DES NÉGOCIATIONS
QUAND J'Y RE-PENSE,
J'AURAIS DÛ ME DOUTER...
QU'UN PRIX AUSSI BAS...
CACHAIT QUELQUE CHOSE.
BONJOUR !
PAS DE RÉPONSE...
TCHAC
ILS DOIVENT ÊTRE ABSENTS.

BAM
C'EST...
FLL

C'EST QUOI ÇA ?!
VIM
Ha !
MOINS FORT ! QU'EST-CE QU'IL Y A ?
HA ! HAA ...
C'EST TOI LE NOUVEAU ?
Hum...
!!
JE SUIS HONDA, ENCHANTÉ.
Y A PAS D'ENCHANTÉ QUI TIENNE !
C'EST QUOI CE BAZAR ?
QUOI DONC ?
C'ÉTAIT PAS COMME ÇA QUAND JE SUIS PASSÉ LA SEMAINE DERNIÈRE !
HA ?

C'EST EFFECTIVEMENT UN PROBLÈME.
IL Y A UNE SEMAINE...
SAF
TSUBASA.
SHIMURA AVAIT FAIT LE MÉNAGE À FOND,
JUSTE AVANT DE NOUS AVOIR DONNÉ UNE RÉDUC' POUR UN RESTAU DE BARBECUE.
IL NOUS A DIT D'Y ALLER SANS LUI ET D'EMMENER SHÔHEI, TU TE RAPPELLES ?
MAIS OUI !
QUOI ?
FROM : SHIMURA
Sub : PARDON
BONNE CHANCE !!
GANBARE...!!
TENEZ BON !

JE ME SUIS FAIT AVOIR PAR LE BINOCLARD !
GRR
C'EST QUI LUI ?
NAKAI, LE NOUVEAU.
Je crois.
AHEM
C'EST SAKAI ! KEI SAKAI !
ENCHANTÉ, J'ESPÈRE QUE NOUS ALLONS BIEN NOUS ENTENDRE.
HO !
HA !
DITES, VOUS AURIEZ DES SACS-POUBELLE ?
HEIN ?
QUOI ?
HEIN ? TU VAS RANGER ?
C'EST GENTIL.
GRR
JE VOUS LAISSE NETTOYER LES ASSIETTES QUE VOUS N'AVEZ PAS FINIES !

OH QUE NON !
JE VAIS AU BOULOT.
TSUBASA, AIDE-LE, TOI.
HEIN ?
TAP TAP
TRAC TRAC VLAM
HA...
DÉSOLÉ, MAIS J'AI COURS.
JE DOIS Y ALLER.
Hé Hé Hé
NON, MAIS JE RÊVE !

OÙ EST-CE QUE JE SUIS TOMBÉ ?
SHIMURA N'EST PAS PARTI POUR VIVRE AVEC SA COPINE, MAIS POUR S'ÉLOIGNER DE SES COLOCS !
IL A AUSSI SÛREMENT MENTI QUAND IL A PARLÉ D'UN AUTRE COLOCATAIRE POTENTIEL.
MAIS...
ぼっ
FLAP
SI JE VEUX RESTER À L'ÉCOLE, C'EST LA SEULE OPTION QUI S'OFFRE À MOI !!
とっぷり...
NUIT NOIRE
がっ
GRII
がっ
GRII
がっ
GRII
HO !
ÇA ALORS !
C'est propre.

J'AI ENFIN FINI !
Haa
J'AI RÉUSSI !
OUAH !
QU'EST-CE QUI SE PASSE ?
C'EST GÉNIAL !

C'EST TOUT PROPRE !
C'EST TOI QUI AS FAIT ÇA ?
OUI.
T'ES QUI ? UN HOMME DE MÉNAGE ? UN AMI DE TSUBASA ?
SAKAI, LE NOUVEAU COLOCATAIRE.
AH, TU REMPLACES SHIMURA.
JE SUIS SHÔHEI NIOKA.
TU PEUX M'APPELER SHÔHEI.
HI HI
EN-CHANTÉ.
OUAH !
BOBOM
IL EST TRÈS AVENANT.

IL A L'AIR SYMPA, ÇA ME RASSURE.
HAP
DÉSOLÉ POUR LE DÉSORDRE.
PLAF
IL N'Y A QUE DES MECS ICI.
HAP
ON N'EST VRAIMENT PAS DOUÉS POUR LE MÉNAGE TOUS LES TROIS,
ET LA PAGAILLE NE NOUS DÉRANGE PAS.
FLAP
FLAP
HOP
AU FAIT.
J'AI MIS LES CARTONS QUE TU AS REÇUS AVANT TON ARRIVÉE, DANS TA CHAMBRE.
SHIK
SHIK
Ha !
OUPS.
RATÉ.
J'AI FAIM. T'AS MANGÉ TOI ?
TOC
TOI LÀ !
TU POURRAIS ARRÊTER ?!
OUI ?

QUOI ? QU'EST-CE QUE J'AI FAIT ?
TU JETTES TES AFFAIRES PARTOUT ALORS QUE JE VIENS DE TOUT RANGER ! TU LE FAIS EXPRÈS ?
C'EST QUOI CE RAFFUT ?
GRII GRII
TSUBASA, FAIS QUELQUE CHOSE.
EUH...
CAL-MEZ-VOUS !
HONDA, C'EST QUI CE MEC ?
QUOI ? C'EST À MOI DE DIRE ÇA !
ÇA SUFFIT, LA FERME !
HEIN ?
RHAA
IL FAIT PEUR !
SAKAI, JE VAIS T'EXPLIQUER COMMENT ON FONCTIONNE ICI...
EN BUVANT UN VERRE.
TADA
EN FAIT C'EST UNE FÊTE DE BIENVENUE...

!
HO !
OUAH
PROFITEZ-EN, C'EST MOI QUI INVITE.
OH ! T'AS GAGNÉ COMBIEN AUJOURD'HUI ?
80 MILLE YENS.
SÉRIEUX ?
Maître Honda !
GAGNER ?
IL GAGNE SA VIE EN PARIANT.
Ha Ha
UN PARIEUR PROFESSIONNEL...
ON VA REFAIRE LES PRÉSENTATIONS.
JE SUIS YASUHISA HONDA,
LE PROPRIÉTAIRE. ENCHANTÉ.

MOI, C'EST
TSUBASA SOGAWA. JE SUIS EN DEUXIÈME ANNÉE DE DROIT À L'UNIVERSITÉ W.
ENCHANTÉ.
L'UNIVERSITÉ W ? ELLE EST PAS SUPER LOIN D'ICI ?
À TOI SHÔHEI.
JE ME SUIS DÉJÀ PRÉSENTÉ.
RECOMMENCE !
SHÔHEI NIOKA.
J'AI 21 ANS.
JE SUIS ACTEUR...
EN DEVENIR.
IL VEUT DEVENIR ACTEUR ?
ÇA SE COMPREND.

IL DOIT PLAIRE ...
ZYEUTE
POURQUOI TU ME REGARDES COMME ÇA ?
JE TE COMPRENDS, MAIS JE NE SUIS PAS DE CE BORD-LÀ ♡
TU ES BIEN SÛR DE TOI.
AHAHAHA
GRR
TAC
TAC
VOUS ÊTES LOURDS TOUS LES DEUX !
JE M'APPELLE KEI SAKAI.
JE SUIS EN DEUXIÈME ANNÉE DANS UNE ÉCOLE DE CUISINE.
ENCHANTÉ.
TU SAIS CUISINER ALORS !
Euh...
ON PEUT DIRE ÇA...
PARFAIT ! TU NOUS PRÉPARES QUELQUE CHOSE ?
EIN ?

J'AI ENCORE FAIM...
Hi Hi
Hi Hi
ET JE VEUX SAVOIR DE QUOI TU ES CAPABLE.
DE QUOI JE SUIS CAPABLE ?
D'ACCORD.
GRR
JE VAIS VOIR CE QUE JE PEUX TROUVER DANS LA CUISINE.
TAC
SI TU VEUX...
IL VA RIEN TROUVER.
SHÔHEI, TU ES MÉCHANT.
TU SAIS QU'IL N'Y A QUE DES CONSERVES OU DES PLATS PRÉPARÉS.
ÇA IRA.
LAISSEZ-MOI FAIRE.
YEAH

OUAH !
C'EST LE DÉSERT.
BON, IL Y A DES CONSERVES...
ET DES PÂTES, PARFAIT !
HUM
HUM
UN PLAT PRÉPARÉ ET...
VOILÀ.
OK.
VOUS ALLEZ REGRETTER D'AVOIR VOULU ME PIÉGER !
HUHU
ENSUI-TE...
VOILÀ C'EST PRÊT.

OH ! EXCELLENT !
MERCI BEAUCOUP !
BON APPÉTIT.
HU HU
Ouah !
HU
JE ME SUIS SURPASSÉ.
VOUS EN PENSEZ QUOI, MONSTRES DU CHAOS ?!

HEIN ?
C'EST DÉLICIEUX !
OUAAH
C'EST BON.
HA
BRAVO SAKAI, TU T'ES DÉBROUILLÉ AVEC SI PEU.
EUH... HUM.
MERCI.
TU DEVRAIS OUVRIR UN RESTAURANT.
TU VEUX BOSSER DANS UN GRAND RESTAURANT APRÈS TES ÉTUDES ?
EUH... EN FAIT...

HMM
HMM
HUM...
MON GRAND-PÈRE AVAIT UNE TOUTE PETITE CANTINE, MAIS ELLE N'EXISTE PLUS.
J'AIMERAIS OUVRIR LE MÊME GENRE DE RESTAURANT.
TU VAS Y ARRIVER !
TA CUISINE EST EXCELLENTE !
ELLE N'EST PAS QUE BONNE, ELLE DÉGAGE UN GOÛT NOSTAL-GIQUE.
VLAM
J'ADORE CE QUE TU FAIS.
N'HÉSITE PAS À ME CUISINER D'AUTRES PLATS.

TRINQUONS À LA SANTÉ DE KEI !
Welcome !
Ha ! ÇA Y EST, ILS SONT AMIS.
OUAH
OUAH
OUAH
ワイワイ
BLA BLA
Uh.
J'AI TROP BU.
ILS SONT ENCORE DEBOUT...
Eux...

KEI...
LA BONNE CUISINE TOUCHE LE CŒUR DES GENS.
ALORS N'OUBLIE PAS...
CUISINE EN Y METTANT TOUT TON CŒUR.
FWIP
PAPI, DÉSOLÉ D'AVOIR EU ENVIE...
DE ME VENGER D'EUX.
MEA CULPA.
J'ADORE TA CUISINE.

PAPI…
JE TE PROMETS DE RÉALISER MON RÊVE.
ばん
VLAM
HEIN ?
ゆらあ
HUAH
QUE…
ドサッ
PLAF
OUAH !
FRRT
FRRT
ON DORT ENSEMBLE ?

TU PUES L'ALCOOL !
VA DORMIR DANS TA CHAMBRE !
ALLEZ, LAISSE-MOI RESTER.
JE NE TE TOUCHERAI PAS.
QUOI ?
JE VAIS SEULEMENT DORMIR.
ET TE TOUCHER
SEULE-MENT AVEC LE BOUT DU GLAND, RIKA...
Muh
Muh
GWIP
GRR !
JE SUIS PAS RIKA !
VLAM
AÏE !
CHUT !
Quoi ?
PAPI...
TU CROIS QUE JE VAIS Y ARRIVER ?
1ER PLAT / FIN

UN AMOUR
DE CUISINIER
2
皿目
PRINCE OF RECIPE

UN AMOUR DE CUISINIER

PRINCE OF RECIPE

SAKAI...
TU VEUX BIEN GOÛTER CE QUE JE VIENS DE CUISINER ?
BIEN SÛR.
もぐ
MIOM
OH...
C'EST BON.
もぐ
MIOM
C'EST VRAI ? TU EN PENSES QUOI ? ÇA DONNE ENVIE D'EN REMANGER ?
HUM... OUI, NORMAL QUOI.
NON ! NE DIS SURTOUT PAS ÇA !
RHAA
HEIN

S'IL NE DONNE PAS ENVIE DE SE RESSERVIR, CE PLAT NE SERT À RIEN !
À ce point-là ?
POURQUOI ?
JE VEUX ME MARIER AVEC MON COPAIN.
HEIN ?
MAMAN DIT TOU-JOURS QU'ON ATTRAPE UN HOMME PAR SON VENTRE.
HAHA
HAHA
HAHA
C'EST CLAIR QUE MA MÈRE EST UNE PRO EN CUISINE.
DANS SON CAS, ÇA A MARCHÉ.
HA... HAA...
GLOUPS
SA MOTIVA-TION M'EF-FRAIE.
ELLE CROIT VRAIMENT GARDER SON MEC COMME ÇA ?
ELLE FAIT UN PEU PITIÉ...
CEPEN-DANT...

ELLE N'A PAS COMPLÈTEMENT TORT.
GRUNCH
GRUNCH
MIAM
MIAM
MIAM
HUU...
TAC
C'ÉTAIT DÉLICIEUX !
HUAAA
HUAAA

ÇA FAIT UN MOIS QUE J'HABITE DANS CETTE MAISON.
C'ÉTAIT SUPER BON !
JE SUIS CONTENT QUE ÇA VOUS AIT PLU.
JE ME SUIS HABITUÉ À LA VIE À PLUSIEURS ET JE M'ENTENDS BIEN AVEC MES COLOCS.
MAIS ...
TU M'EN REFERAS ?
MOI AUSSI !
J'AI AUSSI ADORÉ LE BŒUF SAUTÉ.
OH OUI, IL ÉTAIT DÉLICIEUX !
OK, ÇA SERA POUR LA PROCHAINE FOIS.
PAAH

THANK YOU.
MES COLOCS ONT ÉTÉ IMPRESSIONNÉS PAR LE PREMIER PLAT QUE JE LEUR AI FAIT,
ALORS J'AI CONTINUÉ À CUISINER POUR EUX.
J'AI HÂTE.
ET JE ME SENS BIEN QUAND JE MANGE EN LEUR COMPAGNIE.
SHIK
AH...
AU FAIT...
TAP
VOICI MON BUTIN DU JOUR.
JE TE L'OFFRE.
Mange-les.
ET ILS M'OFFRENT DES TRUCS DONT JE NE SAIS QUE FAIRE.
J'AI PAS BESOIN DE ÇA.
MERCI...
Hi Hi
Hi Hi

J'AI PEUR DE LES SÉDUIRE PAR LE VENTRE...
ふぁ〜〜っ FUAH
NON, L'ESSENTIEL C'EST QUE TOUT SE PASSE BIEN.
MA RÈGLE C'EST DE NE PAS INTERFÉRER...
DANS LA VIE DES AUTRES.
うと FUAH
うと FUAH
MAIS PETIT À PETIT, JE COMMENCE À COMPRENDRE COMMENT ILS FONCTIONNENT.
HONDA...
DORT TARD TOUS LES JOURS.
QUAND IL Y A DE NOUVELLES MACHINES, IL SE LÈVE TÔT POUR ÊTRE DANS LES PREMIERS À JOUER.
EN GÉNÉRAL IL SORT LE SOIR.
TSUBASA...
EST UN ÉTUDIANT SÉRIEUX.
EN DEHORS DE LA FAC, IL PASSE SON TEMPS DANS SA CHAMBRE.
IL A CINQ ANS DE MOINS QUE HONDA, MAIS IL LE CONNAÎT DEPUIS L'ENFANCE.

EN RE-
VANCHE...
HOP
HA
PLAF
NA...
NAKAI...
OUAH !
?!

QU'EST-CE QUE TU VEUX ?
ハ HA
ハ HA
MAN...
MAN ?
MAN...
GER...
?!
Ha
WOH
WOH
MERCI, MAÎTRE KEI !
CH'EST BON !
TU TE RENDS COMPTE QU'IL EST TROIS HEURES DU MAT' ? ET JE T'AI DIT DE NE PLUS VENIR DANS MA CHAMBRE !
HA.
DÉSOLÉ.
GRR
ドキーン

SUP
JE NE SAIS RIEN SUR LUI.
SHÔHEI NIOKA.
IL SORT ET RENTRE N'IMPORTE QUAND.
ON PEUT NE PAS LE VOIR PENDANT PLUSIEURS JOURS.
ÇA LUI ARRIVE DE RENTRER SOÛL ET DE RÉCLAMER À MANGER.
JE NE SAIS PAS OÙ IL BOSSE, OÙ IL VA...
NI CE QU'IL FAIT.
MÊME SI J'AI POUR PRINCIPE DE NE PAS ME MÊLER DE LA VIE DES AUTRES...

IL M'INTRIGUE.
JE PEUX TE POSER UNE QUESTION ?
OUI ?
QU'EST-CE QUE TU FAIS DANS LA VIE ?
COMMENT ÇA ?
TU M'AS DIT QUE TU ÉTAIS ACTEUR EN DEVENIR, MAIS LE RESTE DE TA VIE EST UN MYSTÈRE POUR MOI.
J'AI PLUSIEURS PETITS BOULOTS.
EN CE MOMENT JE FAIS BEAUCOUP LE BARMAN, GENRE 3 À 4 FOIS PAR SEMAINE.
JE FAIS LA CIRCULATION AUSSI.
JE SUIS VIDEUR DANS UNE SALLE DE CONCERT.
JE FAIS DE L'ÉVÉNEMENTIEL...
JE DISTRIBUE DES FLYERS ÉGALEMENT.

J'AI DES AUDITIONS DE TEMPS EN TEMPS, MAIS ELLES SONT RAREMENT PRÉVUES LONGTEMPS À L'AVANCE.
MON BOULOT LE PLUS RÉGULIER RESTE LE BAR.
QUAND TU ES AU BAR, TU PEUX MANGER SUR PLACE NON ?
BEN OUI.
Hein ?
MIAM
MIAM
HEIN ?
MAIS POURQUOI TU RENTRES TOUJOURS MORT DE FAIM ?
C'EST DE TA FAUTE.
ZYEUTE
TES PLATS SONT TROP BONS.
EUH...
BOBOM

NE REJETTE PAS LA FAUTE SUR MOI !
MOUAHAHA !
C'EST VRAI, TU SAIS.
TA CUISINE EST LA MEILLEURE QUE J'AI MANGÉE JUSQU'À PRÉSENT.
カチー
TAC
SÉRIEUSEMENT.
JE SUIS PAS UN GOURMET.
CE QUI COMPTE, C'EST QUE JE ME REMPLISSE LE VENTRE.
SI C'EST PAS MAUVAIS, C'EST QUE C'EST BON.
TU VOIS ?
もぐ
MIAM
むぐ
GROC
OUAIS...
MAIS TA CUISINE DONNE ENVIE.
ELLE A UN GOÛT RÉCONFORTANT.
C'EST CE GOÛT QUE JE PRÉFÈRE.
OUAIS...

Tu...
exagères...
Ma cuisine n'égale sûrement pas celle de ta mère.
AHEM
Oh, tu sais, j'ai grandi sans parents alors...
Quoi ?
OUAAAH
Haa...
Au dodo.
Merci beaucoup.
Ha...
OK.
TAC
TAC

ZUT ...
J'AI ÉTÉ TROP INDISCRET.
MAIS...
« C'EST CE GOÛT QUE JE PRÉFÈRE ».
CE QU'IL A DIT...
M'A QUAND MÊME FAIT VACHEMENT PLAISIR.
KEI !

RÉVEILLE-TOI !
QU'EST-CE QUE JE T'AI DIT HIER ?
CLAP
JE SUIS DÉSOLÉ, MAIS IL FAUT QUE TU M'ÉCOUTES !
J'AI BESOIN DE TON AIDE !
COM-MENT ?

QU'EST-CE QU'IL Y A ?
Quoi ? Quoi ?
ON A BESOIN D'UNE PERSONNE SUPPLÉMENTAIRE AU BOULOT.
T'AS PAS COURS AUJOURD'HUI, TU POURRAIS ME DÉPANNER ? TU SERAS PAYÉ.
EUH…
S'IL TE PLAÎT !
TU ME SAUVERAIS LA VIE !
SI TU N'AS AUCUNE AUTRE SOLUTION…
SÉRIEUX ? TU ACCEPTES ? MERCI !
HONDA, TSUBASA, VOUS AUSSI !
HEIN ?
QUOI ?

*レンタルスペース
Mu
*ESPACES À LOUER
CLUB DE DESSIN POUR JEUNES FILLES
BONJOUR, ENTREZ.
BONJOUR.
ENCHANTÉ.
...
TOI ALORS !
TU AURAIS PU PRÉVENIR QU'ON ALLAIT POSER !
キャア HYA
キャア HYA
TU NE SERAIS PAS VENU SINON.
キャア HYA
...!!

ÇA VA ALLER !
J'AI EXPLIQUÉ LA SITUATION AUX ORGANISATEURS ET VOUS N'AUREZ PAS À POSER NUS.
ÇA VA PAS DU TOUT ALLER, IMBÉCILE !
J'espère bien !
MOI ÇA ME VA, ÇA ME FAIT UN EXTRA.
Je peux me mettre tout nu. ♥
ARRÊTE, YASU.
TAIS-TOI MAINTENANT.
SÉPAREZ-VOUS EN DEUX GROUPES.
PLACEZ-VOUS ICI ET LÀ.
VEUILLEZ RETIRER VOS PEIGNOIRS.
BIEN.
MERDE ! JE VAIS LE TUER !
FAIS PAS TON TIMIDE ! ALLEZ, ENLÈVE ÇA !
FLAP
!!

ARRÊTE, IMBÉCILE !
OUAH
ON EST PAYÉS À L'HEURE ALORS NE PERDONS PAS DE TEMPS.
?!
ざわ… PSST
PSST
... ?
JE SENS UNE ATMOSPHÈRE ÉTRANGE.
...
COMMENT VOULEZ-VOUS QUE NOUS POSIONS ?
ガタ TAC
ALORS...
L'UN D'ENTRE VOUS RESTE DEBOUT ICI.
METTEZ VOS BRAS COMME ÇA.
VOILÀ C'EST BIEN.
L'AUTRE, LÀ.
LÀ VOS JAMBES.

C'EST PARFAIT !
BAM
BAM
...?
EUH...
GOOO
C'EST QUOI ÇA ?
ELLES SONT PAS UN PEU BIZARRES CES POSES ?
SCRITCH
SCRITCH
SCRITCH
SCRITCH
C'EST PAS NORMAL ÇA !
ET CES FILLES ME FONT PEUR...
HMM

BUH
OH ! C'EST...
じた
TAP
TAP
ぱた
C'EST...
BIZAR-
RE...
ÇA
...
NE
BOUGE
PAS !
!

JE SAIS QUE JE T'AI FORCÉ À VENIR, MAIS JE T'EN PRIE JOUE LE JEU.
NE BOUGE PAS.
ON BOSSE LÀ.
!
HUM... D'ACCORD.
HMM
IL PREND ÇA AU SÉRIEUX DIS DONC.

ELLES SONT SÉRIEUSES LÀ ?
TU METTRAIS SHÔHEI DANS L'EMBARRAS.
ZYEUTE
SI ELLES EN DEMANDENT PLUS, JE RENTRE !
ET ALORS ?
FWIT

FLL
Hu ?
!!
RHAAA
HUH
KYAAAH
?!
QU'EST-CE QU'ILS FONT ?
VLAM
EXCUSEZ-MOI, JE VAIS VOUS DEMANDER DE CHANGER DE POSTURE !

HO !
MAIS ÇA VA PAS ?
HOOO
OH OUI ! MAGNIFIQUE !
SCRITCH
SCRITCH
SCRITCH
J'Y PEUX RIEN, C'EST ELLES QUI LE DEMANDENT.

GWUP
JE M'EN FICHE, ÇA VA TROP LOIN, ON N'A QU'À REFUSER !
GWUP
GWUP
JE PEUX PAS !
LA PAYE EST TROIS FOIS SUPÉRIEURE À LA NORMALE !
MAIS TU PENSES QU'À L'ARGENT ?
HA
IL EST EN TRAIN DE LE FORCER.
C'EST TROP BEAU !
HA HA
ELLES RÉAGISSENT COMME DES FANS DE BL.
FRRT
?!
HUH
OH, IL S'EST CALMÉ.
LÀ, LÀ.
...

ÇA...
ÇA CRAINT !
À FORCE DE SE DÉBATTRE...
ON S'EST TOUCHÉ LE...
ÇA...
ÇA DEVRAIT...
Ha !
ME METTRE ...
MAL À L'AISE.
Ha...
NON...
QU'EST-CE QUI M'ARRIVE ?

Ha...
NON...
HEIN ?
MAIS...
ATTENDS UNE MINUTE KEI !
ドキン
ドキ
BOBOM
ON FAIT QUE POSER POUR LE BOULOT LÀ !

ALORS...
POUR-QUOI ?
じわ…
BRR
ÇA... SUF-FIT.
Haa
POUR-QUOI ?
HA !
SMACK

!!
TCHAC
ATTENDEZ !
VITE ! UNE PHOTO !
PAC
ATTENDEZ ! PAUSE ! PAUSE !
Hoo !
UNE PHOTO !
TCHAC
TAC
HONDA
OH JOIE !

AKIO
EXCUSE-MOI.
KEI...
LA FERME ! CRÈVE !
JE ME SUIS LAISSÉ EMPORTER.
TE FOUS PAS DE MOI !
J'Y CROIS PAS ! QU'EST-CE QU'IL A CE MEC ? MERDE !
POURQUOI IL M'A FAIT ÇA ?
C'EST TA FAUTE, TU M'AS EXCITÉ.
COMMENT ? QUI A FAIT QUOI ?
On se marre bien.
Ouais !
TU FAISAIS UNE MOUE ÉROTIQUE.
PAS DU TOUT !
SI !
TU ÉTAIS MIGNON...
Et j'ai craqué.

COMMENT ÇA « MIGNON » ?!
BEN OUI...
T'ES TOUT CHOU QUAND TU NOUS FAIS LA CUISINE.
GRR
SES CHEVEUX NE SONT PAS SI AÉRIENS.
CET OISEAU N'EXISTE PAS.
IL NE PORTE JAMAIS DE TABLIER.
LA MARMITE N'A PAS DE POIGNÉES.
IL N'A JAMAIS SOURI AUSSI BÊTEMENT.
J'AI MÊME PENSÉ QUE JE POURRAIS T'ÉPOUSER SI TU ÉTAIS UNE FILLE.
JE VOIS TOUT À FAIT.
J'AVOUE, C'EST TENTANT.
SLURP
AH OUAIS ? J'AVAIS RAISON ALORS !
PAPI...
ATTENDS, KEI !
LA FERME !
PLEURE PAS.
NON !
JE CROIS QUE J'AI VRAIMENT FINI PAR LES SÉDUIRE PAR LE VENTRE.
2E PLAT/FIN

UN AMOUR
DE CUISINIER
3
皿目
PRINCE OF RECIPE

KEI CHÉRI...
SHÔ-
HEI...
SHÔ...
HEI.
!

BWAAH !
VLAAM
...
ENCORE...
CE RÊVE !
UNE SEMAINE PLUS TÔT...

JE FAIS CE GENRE DE RÊVES BIZARRES...
DEPUIS LE PETIT JOB QUE J'AI FAIT POUR RENDRE SERVICE À SHÔHEI.
PLAF
...
POC
POC
HA...
NON, JE DOIS ARRÊTER D'Y PENSER.
PLIC
PLIC
JE ME FAIS CLAIREMENT DES IDÉES.
ÇA M'A PERTURBÉ PARCE QUE ÇA FAIT LONGTEMPS QUE JE N'AI PAS EMBRASSÉ QUELQU'UN.
DEPUIS QUE J'AI EMMÉNAGÉ, JE N'AI PAS EU UNE MINUTE À MOI.
JE DOIS ÊTRE STRESSÉ.
OUI...
C'EST ÇA.

ガラッ
GRiii
HAA !
T'AS PAS VU MES VÊTEMENTS DEVANT LA SALLE DE BAINS ?
AH.
PARDON, JE DORS DEBOUT, J'AI PAS FAIT ATTENTION.
JE SORS BIENTÔT.
GRii
GRii
OK, DÉSOLÉ.
C'EST RIEN.

ぶわっ
HUAH
ゴクゴクゴク
GLOUP
GLOUP
MAIS DANS CE CAS...
POURQUOI JE RÉAGIS COMME ÇA ?
ガシ
FRRT
ガシ
FRRT
...
カチャ
TAC
カチャ
TAC
もぐ
TAC
...
カチャ
TAC
もぐ
MIAM
もぐ
MIAM

AHEM
AHEM
AHEM
AHEM
ちらっ
ZYEUTE
ZYEUTE
ちらっ
LE PETIT DÉJEUNER EST TRÈS BON.
HA
MER...
MERCI.

JE DOIS Y ALLER.
À CE SOIR.
À bientôt.
SALUT.
À plus.
HMMM
TAP
TAP
TAP
VOUS ME METTEZ MAL À L'AISE !
BOUM
VLAM
POURQUOI TU DIS ÇA ?
COMMENT ÇA « POURQUOI » ?
VOUS METTEZ UNE SALE AMBIANCE TOUS LES DEUX.
JE NE VOIS PAS DE QUOI TU PARLES.
JE N'AI RIEN...
TAC
TAC
...

VLAM
JE SUIS BIZARRE DEPUIS CE JOUR OÙ ON A AIDÉ SHÔHEI POUR SON BOULOT !
QU'EST-CE QUI M'ARRIVE D'APRÈS TOI ? HEIN ?
JE ME FAIS DES IDÉES, HEIN ?
TOUT ÇA C'EST DANS MA TÊTE HEIN ?
BAM
BAM
BAM
BAM
TAC
CLAC
CRASH
FERME-LA ET CALME-TOI !
HUUM
DEPUIS CE JOUR-LÀ...
HEIN ?
HO
SAF

HUM ...
もじ MUH
OUI.
TU DOIS...
AVOIR RAISON.
...
もじ MUH
...
J'AI UNE IDÉE !
ON VA RENCONTRER DES FILLES !
は HA
TSUBASA, ARRANGE-NOUS UN RENDEZ-VOUS AVEC QUATRE FILLES DE TA FAC.
QUOI ?
T'ES PARTANT, KEI ?
TU DOIS RELÂCHER LA PRES-SION POUR OUBLIER.
TU ES AU BORD DE L'EXPLO-SION !
TU AS BESOIN DE FAIRE UNE RENCONTRE !

MAIS...
MAIS OUI ! C'EST ÉVIDENT !
Ça fait un an que j'ai rien fait.
SUPER ! ON COMPTE SUR TOI TSUBASA.
EUH ...
TCHIN
SANTÉ !

ズラッ
TADA
Ils sont beaux ♥
Oh oui ! ♥
Chou ! ♥
Des stars. ♥
JE SUIS VENU PARCE QUE J'ALLAIS MANGER GRATUITEMENT, MAIS C'EST QUOI ÇA ? UN RENDEZ-VOUS ARRANGÉ ?
PSST
PSST
ÇA SE VOIT NON ?
ELLES SONT MIGNONNES, BRAVO TSUBASA !
PSST
MERCI.
VOUS AURIEZ DÛ ME LE DIRE, JE SUIS HABILLÉ N'IMPORTE COMMENT !
La honte !
GRRR
HUM...

MAIS POURQUOI JE M'ÉNERVE ? Y A PAS DE RAISON !
HA
COMMENÇONS LES PRÉSENTATIONS PAR LES GARÇONS.
SALUT !
JE M'APPELLE KEI SAKAI, APPELEZ-MOI KEI !
CRAC
HEIN
J'ESPÈRE ME TROUVER UNE PETITE AMIE CE SOIR !
ENCHANTÉ DE FAIRE VOTRE CONNAISSANCE !
UH...
OUAH !
PEUH
T'ES MOTIVÉ, TOI.
T'ES MARRANT.
ENCHANTÉES.
HYAHAHA
BLABLA
BLABLA
...
Hu Hu

MOI C'EST SHÔHEI.
ニコッ
HiHi
ET JE SUIS AUSSI CÉLIBATAIRE, ENCHANTÉ.
Beau gosse !
Hi Hi
Il brille.
C'EST...
PAS DRÔLE DU TOUT !
TES AMIS SONT MARRANTS.

EUH, OUAIS.
MERCI POUR AUJOURD'HUI.
JE ME SUIS BIEN AMUSÉE.
ET LES FILLES SONT TRÈS CONTENTES.
Hu Hu
AH OUI ?
TU VIENS JAMAIS À CE GENRE DE SORTIES...
J'AVAIS FINI PAR ME DIRE QUE JE N'AVAIS AUCUNE CHANCE.
MAIS T'AS PAS L'AIR D'ÊTRE PRIS FINA-LEMENT.
JE...
OH ?
NAOKO A DISPARU...
ドキ
BOBOM
HEIN ?
QUOI ?
C'EST VRAI ÇA !
ET HONDA AUSSI D'AILLEURS.
Celui-là alors !
!
HA...

LAISSONS-LES TRANQUIL-LES ET CONTINUONS NOTRE SOIRÉE.
TU VEUX BIEN ?
ET SI ON S'ÉCLIPSAIT NOUS AUSSI ?
HYAA
D'accord ?
ÇA ME VA !
...
...
ZYEUTE
HO ?
OÙ EST TSUBASA ?

manga 漫画 Cult

MEIN SCHULGEIST HANAK

AidaIro

JIBAKU SHONEN HANAKO-KUN ©AidaIro/SQUARE ENIX CO., LTD.

Cover nicht final

Die Geist
die ich r

Sieben geheimnisum
um die Kamome Aka
soll es spuken. Und
im dritten Stock de
beschwört, darf si

Nene Yashiro liebt
unglücklich verlie
Hilfe schadet da s
wer alten Legend
Junge. Und auf d

ca. 172 S. | € 1
Band 01
ISBN: 978-3

Im Großformat für nur € 7,99!

„Nicht nur Fans schräger Comedy und cooler Mystery werden Hanako lieben! Nene ist einfach zu niedlich und ich freue mich wahnsinnig, diesen Titel nach Deutschland bringen zu dürfen!"

MANGA CULT Übersicht	05.03.2020	02.04.2020	07.05.2020	04.06.2020	02.07.2020	06.08.2020	03.09.2020
APOSIMZ			Band 5				
BLAME+: DIE FLUCHT DER ELEKTROFISCHER							Einzelband
BLUE PERIOD				Band 1		Band 2	
CELLS AT WORK! BLACK	Band 3		Band 4		Band 5		
DAS LAND DER JUWELEN		Band 10					
DEMON SLAYER - KIMETSU NO YAIBA		Band 1		Band 2		Band 3	
SOTSU GYO SEI		Abschlussband					
EX-ARM	Band 6		Band 7		Band 8		Band 9
GANTZ				Band 7			Band 8
GOLDEN KAMUY	Band 4		Band 5		Band 6		Band 7
HEAVENLY DELUSION	Band 1		Band 2		Band 3		
HI SCORE GIRL	Band 1		Band 2		Band 3		Band 4
ICH BIN EINE SPINNE, NA UND?		Band 7					
IT'S MY LIFE		Band 5		Band 6		Band 7	
LAID-BACK CAMP							

	1	2	3	4	5	6	7
[series name cut off]					Band 1		Band 2
MEIN SCHULGEIST HANAKO						Band 1	
MUSHISHI				Band 1		Band 2	
QUIN ZAZA			Band 4				
RG VEDA – MASTER EDITION	Abschlussband						
SHOJO-MANGAKA NOZAKI-KUN		Band 4		Band 5		Band 6	
SOMALI UND DER GOTT DES WALDES	Band 3		Band 4		Band 5		Band 6
TWITTERING BIRDS NEVER FLY						Band 1	

www.manga-cult.de

448/89714

manga 漫画 cult

VORSCHAU 2020

April bis September

GRATIS

Alle Neuerscheinungen im Buch- und Comicfachhandel!

www.manga-cult.de

HEIN ?
OÙ IL EST ?
IL ÉTAIT LÀ Y A DEUX MINUTES.
TSUBASA !
HOTEL モダン
HOP
HOTEL RARA
RARA
3 時間
HOTEL HEY
REST-3000
* UNE PETITE PAUSE TROIS HEURES
YASU !

GRIP
ON RENTRE !
QUOI ?
ON RENTRE !
HEY !
TU VAS ME LÂCHER ?
TSUBASA !!
GRR !
HAAA
FOUS-MOI LA PAIX !

EXPLIQUE-MOI…
CE QUI T'A PRIS !
KING
TU ME LANCES DES REGARDS RÉPROBATEURS…
DEPUIS QU'ON EST ARRIVÉS !
NON…
C'EST PIRE.
SAF
TU TE COMPORTES COMME ÇA DEPUIS TOUJOURS !

TU ME REGARDES COMME SI TU VOULAIS DIRE QUELQUE CHOSE...
MAIS TU NE T'EXPRIMES JAMAIS.
JE COMMENCE À EN AVOIR MARRE !
POUR-QUOI ?
SSHH
PARLE SI TU AS QUELQUE CHOSE À ME DIRE !
ALLEZ, J'ATTENDS !

DAM
DAM
DAM
HA HA HA
カラオケ スモン
Sérieux !
Non, arrête !
*KARAOKÉ
JE VAIS AUX TOILETTES.
DAM
DAM
DAM
À TOUT'.
POURQUOI...

KWÏI
JE NE M'AMUSE PAS DU TOUT...
KEI ?
HA.
MARIE.
KEI...
TAP
ON PEUT ALLER...
DANS UN ENDROIT PLUS CALME ?
BOM
TOUS LES DEUX ?
MA... MARIE...
HÉ !
MARIE !

TOI LÀ, QU'EST-CE QUE TU FOUS ?
BAM
BAM
BAM
KWII
LOU
BAM
TU TOUCHES À LA FEMME D'UN AUTRE !
QUOI ?
HEIN
KAZUO !
Pourquoi ?
HEIN ?
KEI EST PARTI.
ET L'AUTRE FILLE AUSSI.
LAISSONS-LES TRANQUILLES.
...
DÉSOLÉ, JE DOIS Y ALLER.

?!
VLAM
QU'EST-CE QUI SE PASSE ?
NOON !
Quoi ?
VIENS PAR ICI !
!
Rhaa
Haan
Ouaah
ARRÊTE KAZUO !
LA FERME !
KEI ?!
HUAH

QU'EST-CE QUI SE PASSE ?
ESSAYEZ DE VOUS CALMER.
SHÔHEI !
HYAA
HYAA
TA GUEULE !
TOI AUSSI ?
MOI QUOI ?
KAZUO !
!!
ÇA T'APPRENDRA À TOUCHER À LA FEMME D'UN AUTRE !
GWUP
HI !
VLAM
!!...
TOI LÀ !
GRRRR
TU VAS LE LÂCHER !
C'EST UN CUISINIER.
VLAM
SES MAINS C'EST SA VIE !

BOBOM
SHÔ...
SHÔHEI...
LA FERME !
VLAM
!
!
PAS ÇA !
SON VISAGE C'EST SON GAGNE-PAIN !
SI TU VEUX FRAPPER QUELQU'UN, JE SUIS LÀ !

KEI...
NON, JE...
NON ARRÊTE.
ÇA VA T'EMPÊCHER DE BOSSER.
じーん
HUUUM
JE NE VOUDRAIS PAS QUE TU SOIS BLESSÉ...
JE VAIS...
C'EST PAS GRAVE SI JE SUIS BLESSÉ.
ポカーン…
EUH
NE DIS PAS ÇA.
BFURK !
ON Y VA MARIE.
TU AS ADMIS TA FAUTE.
EXCUSE-MOI KAZUO.
YUKI, MIYO, ON RENTRE, CES MECS SONT BIZARRES.
HEIN, QUOI ?

がらーん
PERSONNE...
...
T'AS COMPRIS TOI ?

ELLE VIENT ALORS QU'ELLE A UN MEC...
QUELLE IDIOTE !
OUAIS, ET C'EST MOI QUI AI LE MAUVAIS RÔLE.
C'ÉTAIT UN COUPLE D'IMBÉCILES !
MAIS...
J'ÉTAIS HEUREUX...
PAH
QUE TU ME PROTÈGES.
MERCI.
NON...
NE ME REMERCIE PAS.
C'EST MOI QUI ÉTAIS HEUREUX.
KEI...
CLAP
SHÔHEI...

C'EST BIZARRE...
QUOI DONC ?
JE FAIS SOUVENT CE GENRE DE RÊVE EN CE MOMENT.
C'EST VRAI ? MOI AUSSI.
DANS MES RÊVES, JE FAIS ÇA...
OUI...
JE TE REGARDE DANS LES YEUX.
OUI.
SMACK

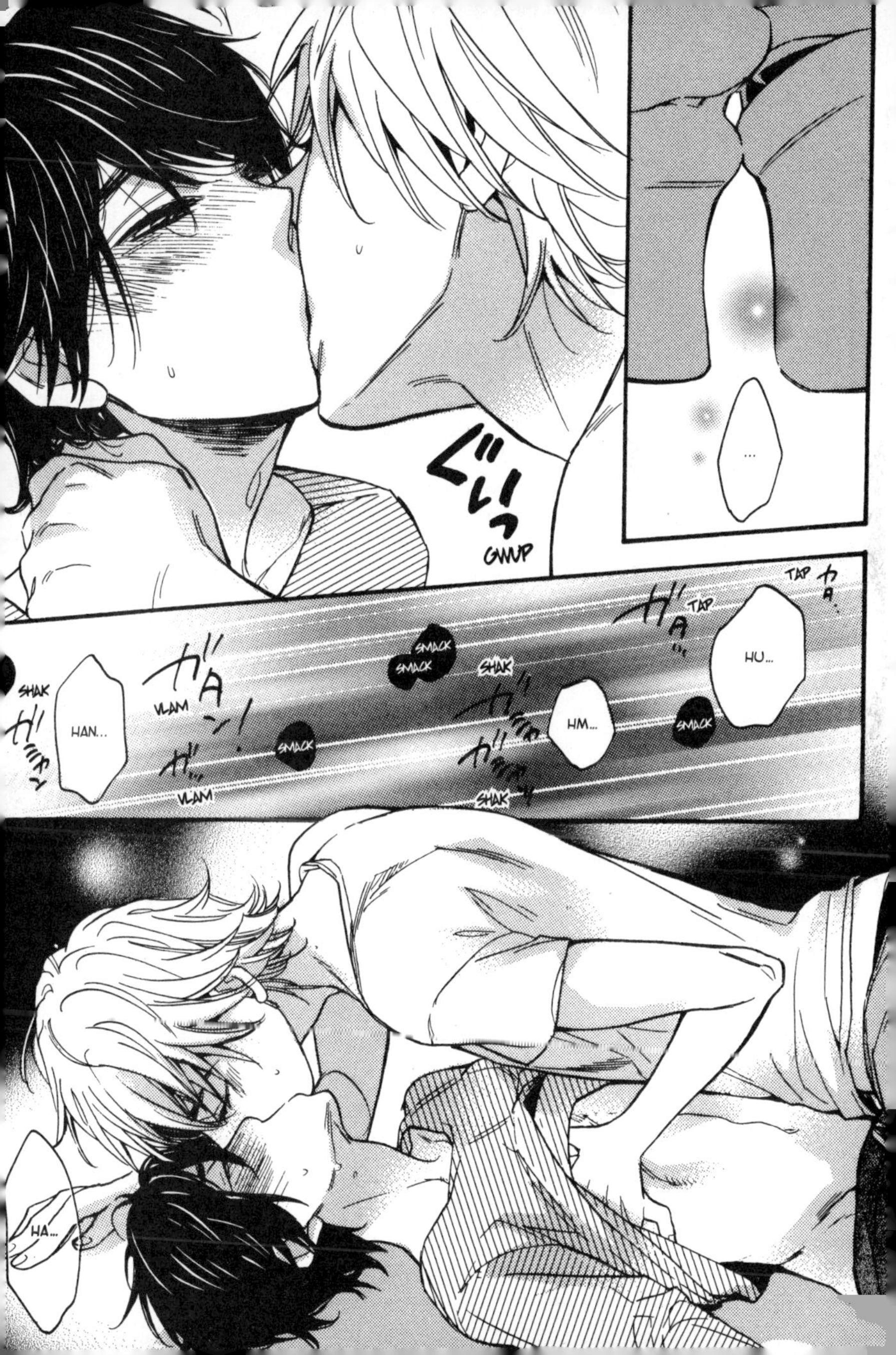
...
ぐいっ
GWUP
TAP
TAP
HU...
SMACK
HM...
SHAK
SMACK
SMACK
SHAK
SMACK
VLAM
VLAM
HAN...
SHAK
HA...

VLAM
!!
VOUS LÀ !
C'EST DE PIRE EN PIRE !
GRRROOO
JE VOUS INTERDIS DE COUCHER ENSEMBLE DANS MA MAISON !
SI VOUS VOULEZ LE FAIRE, ALLEZ AILLEURS !
C'EST PAS CE QUE TU CROIS...
EUH...
PAPI...
EST-CE QUE JE SUIS EN TRAIN DE TOMBER AMOUREUX ?
3E PLAT/FIN

UN AMOUR
DE CUISINIER
4
皿目
PRINCE OF RECIPE

ÉCOLE DE CUISINE YAMADA
COMPÉTITION INTERNE
エントリー締め切り 20XX年○月
TU VAS T'INSCRIRE ?
BIEN SÛR.
CETTE ANNÉE, LE CHEF UMIGOE FERA PARTIE DU JURY.
ET TOI ?
JE PARTI-CIPE...
C'EST ÉVIDENT !

TOUS LES ANS, MON ÉCOLE ORGANISE UN CONCOURS DE CUISINE, OUVERT AUX SECONDES ANNÉES.
TOUS LES ANS, ON INVITE UN CHEF DE RENOM À FAIRE PARTIE DU JURY.
LE GAGNANT REÇOIT DE L'ARGENT...
ET SI SON TALENT EST RECONNU, IL GAGNE D'OFFICE UNE PLACE DANS LE RESTAURANT DU CHEF.
*RAMEN
HOO !
GÉNIAL NON ? (YEAH)

CETTE ANNÉE LE JUGE INVITÉ EST UMIGOE, UN CHEF POUR QUI J'AI UN IMMENSE RESPECT.
IL A REMPORTÉ PRATIQUEMENT TOUS LES CONCOURS DE CUISINE DU PAYS.
IL EST DEVENU CHEF À 25 ANS SEULEMENT. SON RESTAU A UN SUCCÈS FOU, IL FAUT RÉSERVER AU MOINS UN MOIS À L'AVANCE.
SLURP
IL S'ENNUIE.
AH BON ?
VLAM
VLAM
RAMEN
HEY ! ÉCOUTEZ-ÇA LES MECS !
YAH
JE VIENS D'AVOIR UNE MAGNIFIQUE OPPORTUNITÉ !
SHÔHEI ?

UNE AUDITION POUR UNE NOUVELLE SÉRIE ?
*LA JEUNE FILLE ET LA MORT
OUAIS ! ET POUR UN SECOND RÔLE !
IL S'AGIT DU GRAND FRÈRE DU HÉROS. JE JOUERAI DÈS LE DÉBUT DE LA SÉRIE, L'HISTOIRE SE PASSE UN PEU APRÈS LA SECONDE GUERRE MONDIALE.
BLA BLA
C'EST GÉNIAL !
IL S'ENNUIE.
C'EST BIEN POUR VOUS DEUX, BON COURAGE.
JE VAIS ME COUCHER.
J'AI PAS FINI MON HISTOIRE.
JE M'EN FICHE.
GRII
CONTINUEZ SANS MOI.

OH, TOUT LE MONDE EST LÀ.
BONSOIR.
BONSOIR, TSUBASA.
J'AI UNE BONNE NOUVELLE.
!
AH ? QUOI ?
SAF
VAM
HA !
YASU !
TAP TAP TAP
HUU...
DÉSOLÉ, TU ME RACONTERAS PLUS TARD.

CLAC
?!
ATTENDS, YASU !
...
C'ÉTAIT QUOI ÇA ?
ILS SONT BIZARRES DEPUIS LA DERNIÈRE FOIS.
HUM...
OUAIS.
ILS SONT PARTIS APRÈS LE RENDEZ-VOUS, ET TSUBASA EST RENTRÉ COMPLÈTEMENT DÉBRAILLÉ.
C'était pas cool pour lui, mais moi ça m'a bien fait rire.
OUI ET IL N'A RIEN VOULU NOUS EXPLIQUER.
TU CROIS QU'IL S'EST BATTU AVEC HONDA ?
HA

...
Ce soir-là, on est allés trop loin et l'alcool n'excuse rien.
Et puis...
C'était la première fois qu'une telle chose m'arrivait.
Mais si Honda et Tsubasa n'étaient pas rentrés à ce moment-là...
J'aurais continué.
Zyeute
Le hasard...
fait quand même bien les choses.

HA ? COMMENT ?
BEN OUI, DE BELLES OCCASIONS S'OFFRENT À NOUS EN MÊME TEMPS.
FAISONS DE NOTRE MIEUX !
MOI, JE TE SOUTIENS À FOND.
MERCI !
TU PEUX COMPTER SUR MOI POUR T'ENCOURAGER.
JE T'AIDERAI À APPRENDRE TES RÉPLIQUES.
ET MOI JE TESTERAI TES PLATS.
HA HA ! GOURMAND ! MERCI.

IL FAUT FAIRE UNE SOUPE.
C'EST UN PEU LA BASE.
« UN PLAT ORIGINAL ET INGÉNIEUX COMPOSÉ DES INGRÉDIENTS QUI VOUS PLAISENT ».
C'EST SI SIMPLE QUE ÇA EN DEVIENT COMPLIQUÉ.
C'EST CLAIR.
IL FAUT AUSSI PENSER AUX GOÛTS DU JURY.
BLA
BLA
BLA
C'EST DE LA TRICHE.
NON, ÇA S'APPELLE DE LA STRATÉGIE.
STRATÉGIE ?
D'ACCORD. ALORS IL FAUT FAIRE DES RECHERCHES.
DES RECHERCHES ? AU RESTAURANT D'UMIGOE ?
HEIN ?!
C'EST IMPOSSIBLE !

ON N'AURA PAS DE RÉSERVATIONS AVANT UN BON MOIS.
LE CONCOURS EST À LA FIN DU MOIS...
EN PLUS C'EST CHER.
C'EST VRAI...
MOI,
JE PEUX T'AVOIR...
UNE RÉSERVATION.
Trop bon
Miam
COMMENT ÇA ?
TU SAIS BIEN QU'IL Y A UN MOIS D'ATTENTE.
JE SAIS, MAIS JE TE DIS QUE JE PEUX T'AVOIR UNE TABLE QUAND TU VEUX.
QUOI ?

MES PARENTS CONNAISSENT LE CHEF.
KEI, TU ME FAIS À MANGER TOUS LES JOURS. POUR TE REMERCIER, JE VAIS RÉSERVER POUR TOI.
C'EST TRISTE D'Y ALLER SEUL, ALORS EMMÈNE SHÔHEI AVEC TOI.
J'ai déjà un truc de prévu.
Moi aussi ?!
BONSOIR.
NOUS VOUS ATTENDIONS.

ON Y EST VRAIMENT.
TSUBASA VIENT D'UNE FAMILLE AISÉE ?
ON DIRAIT...
C'est quoi cette coiffure ?
ET LE COSTUME QU'IL M'A PRÊTÉ A L'AIR HORS DE PRIX.
IL EST CERTAINEMENT TRÈS RICHE.
QUI SONT-ILS ?
ÇA ALORS...
ILS VIENNENT CERTAINEMENT DE FAMILLES FORTUNÉES.
TAC

C'EST... DÉLICIEUX !
C'EST RAFFINÉ ET AUDACIEUX À LA FOIS.
C'EST QUOI ÇA ?
COMMENT FONT-ILS POUR CUISINER UN PLAT PAREIL ?
AVEC QUELS INGRÉDIENTS ?
Ouh...
CE TRUC EST EXCELLENT !
!
RHAAA
SLURP
SHÔHEI ! ON T'A PAS APPRIS LES BONNES MANIÈRES ?
Mange avec ta cuillère !
PARDON !
Ha

DÉSOLÉ, J'AI PAS L'HABITUDE DE CE GENRE D'ENDROIT.
C'ÉTAIT SI BON QUE J'EN AI OUBLIÉ MES BONNES MANIÈRES.
J'aurais pas dû.
Ha Ha !
C'EST PAS COMPLIQUÉ DE BIEN SE COMPORTER !
MAIS C'EST TELLEMENT BON !
Hi Hi
HU HU !
BWAH
QUOI ?
RIEN...
JE ME SUIS RAPPELÉ CE QUE DISAIT MON GRAND-PÈRE.
TON GRAND-PÈRE ?
AH OUI, LE CUISINIER ?

IL DISAIT SOUVENT QUE LA BONNE CUISINE...
TOU-CHAIT LE CŒUR DES GENS.
C'EST BIEN CE QUE JE CROIS QUAND JE TE VOIS MANGER.
MOI ?
TU LÈCHES TON AS-SIET-TE
SANS MÊME Y PENSER... TU ES SI CANDIDE.
EUH...
J'AI BEAU FAIRE ATTENTION, JE NE SAIS PAS ME TENIR.
JE SAIS.
MÉ-CHANT !
MOI AUSSI...
JE VEUX CUISINER UN PLAT QUI A CET EFFET SUR LES GENS.
4E PLAT/FIN

UN AMOUR
DE CUISINIER
5
皿目
PRINCE OF RECIPE

POC
POC
BIEN !
APRÈS AVOIR DÎNÉ DANS LE RESTAURANT DU CHEF INVITÉ DU JURY...
J'AI COMMENCÉ À TRAVAILLER SUR LA SOUPE QUE J'ALLAIS PRÉPARER POUR LE CONCOURS.

HMM... C'EST BON.
MAIS...
J'AI FAIT GOÛTER PLUSIEURS DE MES ESSAIS À SHÔHEI,
MIAM
MIAM
IL MANQUE UN TRUC.
SANS...
RÉEL RÉSULTAT.
LES JOURS SE SUIVAIENT ET SE RESSEMBLAIENT...
SHLA

C'EST PAS LE GOÛT QUE JE CHERCHE.
EN PLUS C'ÉTAIT TROP ACIDE.
MAIS...
BON-SOIR.
OH, TU CUISINES ?
ひょいっ
HOP
ALORS QU'EST-CE QUE ÇA DONNE ?
?
KEI ?
ぶ
BRR
ぶ
BRR

OUAH !
KEI...
FAIS UNE PETITE PAUSE.
TAP
J'AI ACHETÉ DE LA GLACE, TU EN VEUX ?
KEI !!
HA
PRENDS-EN UNE...
AVEC MOI.
HA !

Höogan
TAP
MERCI...
HUM.
De rien.
BRR
BRR
KEI...
QUAND EST-CE QUE TU AS DÉCIDÉ DE DEVENIR CUISINIER ?
HEIN ?
MOI J'AI EU ENVIE DE DEVENIR ACTEUR APRÈS AVOIR JOUÉ DANS UNE PIÈCE AU FESTIVAL DE MON LYCÉE.
C'EST LE GENRE DE RÉVÉLATIONS QU'ON A SOUVENT À CET ÂGE.
POUR MOI...
ÇA DEVAIT ÊTRE AU COLLÈGE.
À OUI ? À QUELLE OCCASION ?

À QUELLE OCCASION ?
EH BIEN...
UNE PERSONNE A EU L'AIR DE BEAUCOUP APPRÉCIER UN PLAT QUE J'AVAIS PRÉPARÉ.
ET ÇA M'A BEAUCOUP TOUCHÉ.
JE DIRAIS MÊME QUE ÇA M'A ÉMU.
« PAPI, C'EST DONC DE ÇA QUE TU PARLES TOUT LE TEMPS ? »
UNE FOIS RESSEN-TIE...
CETTE SENSATION NE PEUT PAS S'OUBLIER.
JE VOIS.
DANS CE CAS...
SI TU ESSAYAIS DE RÉITÉRER L'EXPÉRIENCE POUR TON CONCOURS ?

C'EST PAS SI FACILE !
TU Y ARRIVES DÉJÀ !
C'EST PAS VRAI !
TAC
EN CE MOMENT TU ESSAIES D'IMITER LA CUISINE DU RESTAU D'UMIGOE,
MAIS C'EST PAS LA BONNE MÉTHODE.
Dazs
TU DEVRAIS CUISINER UN PLAT QUI TE RESSEMBLE.
MOI J'AIME TA CUISINE.
UH...

J'AI COMPRIS !
JE VAIS LE FAIRE !
TAP !
BIEN.
TU ME CUISINES UN TRUC POUR ME DONNER DES FORCES POUR DEMAIN ?
ÇA MAR-CHE !
MERCI.

« TU DEVRAIS CUISINER UN PLAT QUI TE RESSEMBLE. »
TAC
IL A RAISON. J'AI VOULU DEVENIR CHEF...
GWIP
POUR RENDRE LES GENS HEUREUX AVEC MA CUISINE.
Hi Hi

C'EST PARTI.
JE VAIS CUISINER
POUR SHÔHEI.

SIMPLE IS THE BEST ! ÇA A L'AIR DÉLICIEUX ♡
JE VAIS GOÛTER ÇA.
Hmm
?!
BOBOM
HUM...
HUM !
MIOM
MIOM
SHIK
SHIK
BOBOM
BOBOM
SLURP
Il l'a fait !

C'EST DÉLICIEUX !
VRAIMENT SUPER BON.

PLOC
PLOC
KEI ?
J'AI DIT QUELQUE CHOSE DE MAL ?
Rhaa
HAP HAP
NON...
HUU...
J'AI UN PEU LÂCHÉ LA PRESSION.
VOULOIR ABSOLUMENT CUISINER UN PLAT QUI ME FERAIT GAGNER LE CONCOURS...
M'A FAIT OUBLIER LE PLUS IMPORTANT.
MAIS...

QUAND J'AI VU TON VISAGE HEUREUX, TOUTES MES INQUIÉTUDES SE SONT ENVOLÉES.
MERCI.

ちゅ
SMACK
SLUP
...
TU VIENS DANS MA CHAMBRE ?

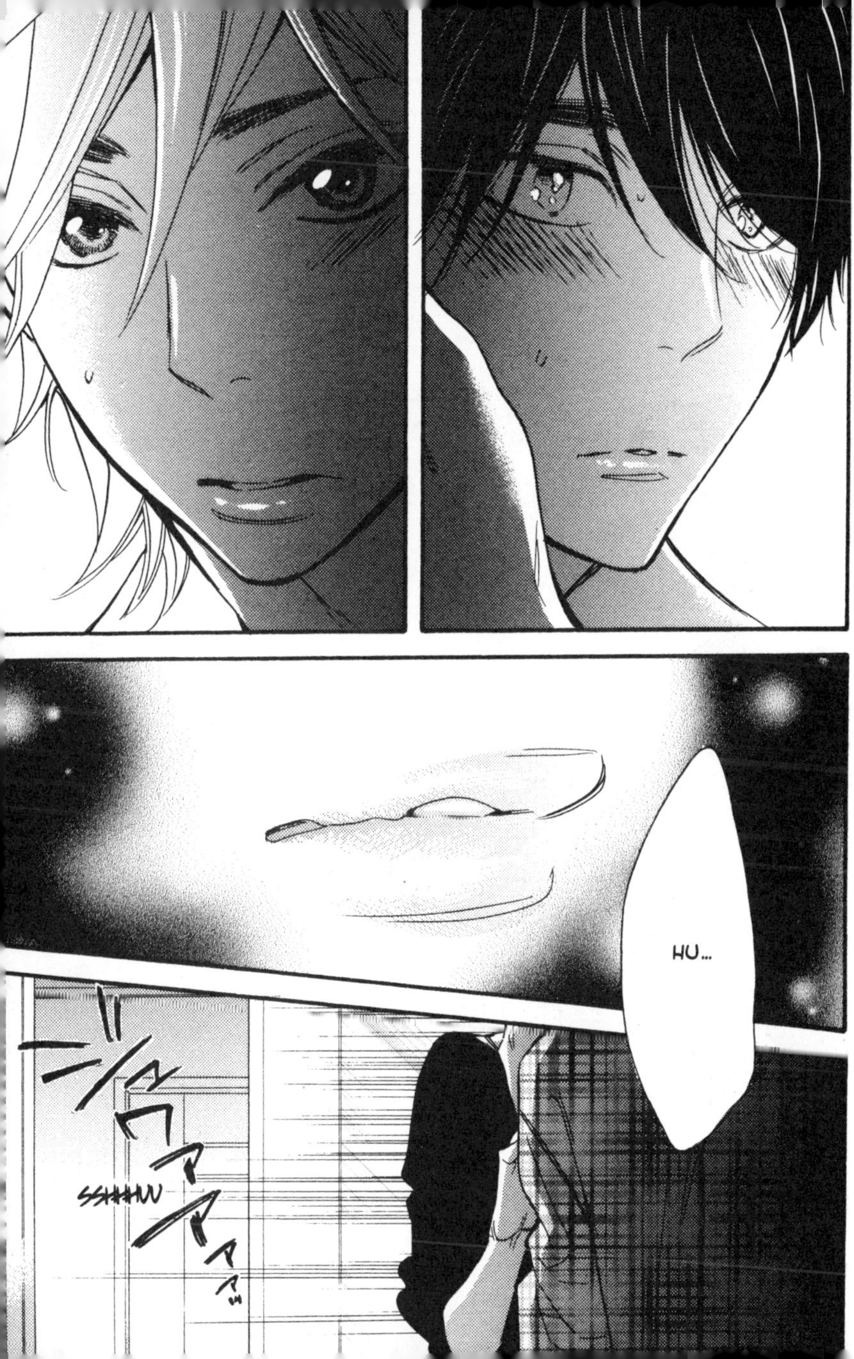
HU...
SSHHUU

HA !
LE FEU !
J'AI OUBLIÉ D'ÉTEINDRE LE FEU.
HEIN ?
C'EST DANGEREUX !
ピッ
BIP
C'EST BON ?
HOP
La marmite a cramé.
JE L'AI LAISSÉE VIDE SUR LE FEU.
はっ
HA
AU FAIT T'AS UNE AUDITION DEMAIN.
MERCI D'ÊTRE RESTÉ TARD AVEC MOI.
HEIN...
DE RIEN.
AHEM
AHEM
ÇA M'A FAIT PLAISIR.

QU'EST-CE QUE JE RACONTE, MOI ?
HA...
BON COURAGE...
POUR DEMAIN.
MERCI.

HA !
FWIP
TU VIENS DANS MA CHAMBRE ?
C'ÉTAIT MOINS UNE.

SI NOUS N'AVIONS PAS ÉTÉ INTERROMPUS,
JE...
CROIS BIEN...
QUE JE ME SERAIS LAISSÉ EMPORTER.
C'ÉTAIT BIEN PARTI POUR.
SHÔHEI ?
Coucou.

SÉRIEUSEMENT...
ÇA CRAINT !
...
PLAF
ON EST ARRIVÉS YASU !
PFF
ふーっ
RAMÈNE-MOI DE L'EAU !

TU NE BOIS PAS AUTANT D'HABITUDE.
MÊME LE BARMAN ÉTAIT GÊNÉ. TU ES ALLÉ TROP LOIN.
LA FERME, C'EST PAS TES OIGNONS !.
SI, ÇA ME REGARDE ! C'EST QUAND MÊME MOI QUI SUIS ALLÉ TE CHERCHER AU BAR !
PFF !
YASU ...
J'AI L'IMPRESSION D'ÊTRE TON TUTEUR.
QUOI ?
QUI A VOLÉ À TON SECOURS QUAND TU AS VOULU QUITTER LA MAISON FAMILIALE ?
PSHI
YASU...
TA GRAND-MÈRE T'A LAISSÉ PARTIR PARCE QUE ÇA LA RASSURAIT DE TE SAVOIR AVEC MOI.
HEUREUSEMENT QUE J'ÉTAIS LÀ, HEIN !
OUI, JE SAIS.
Tiens ton eau.
IL PARLE BEAUCOUP QUAND IL EST SOÛL.
FLL
MON TUTEUR. TU PARLES !
T'ES NI MON PÈRE NI MON FRÈRE !
JE SAIS ...

EN FAIT,
TU ES QUI ...
POUR MOI ?
ドキ
BOBOM
...
TU DIS RIEN ? TU M'ÉNERVES !
PLAF
OUAH !
!!
VLAM
TU VEUX T'EN PRENDRE ENCORE UNE ?

... !!
JE NE SAIS PAS ENCORE.
GRR
VA-T'EN !
AÏE !
SORS DE MA CHAMBRE, JE VEUX DORMIR !
VLAM
D'ACCORD...
?
?!

SHÔHEI ?!
Hm.
QU'EST-CE QU'IL Y A ?
QU'EST-CE QUE VOUS FAITES À CETTE HEURE-CI ?
TCHAC
OUI.
J'AURAIS BESOIN D'UNE VOITURE JE VOUS PRIE.
MERCI.

HA...
KEI...
BOUORGH
BOUORGH
C'EST BIEN, ÉVACUE TOUT.
TAP
QU'EST-CE QU'IL A ?
IL VA BIEN ?
IL A DES NAUSÉES ET AUSSI TRÈS MAL AU VENTRE.
JE L'ACCOMPAGNE À L'HÔPITAL.
LA VOITURE EST ARRIVÉE, ALLONS-Y.
HM...
HAHA
HAHA

ブロロ…
VROOM
C'EST LA PREMIÈRE FOIS QUE JE LE VOIS MALADE.
IL A PEUT-ÊTRE EU UNE INTOXICATION ALIMENTAIRE ?
HEIN ?
BOBOM
QUOI ?
ÇA SERAIT...
MA FAUTE ?!
5E PLAT/FIN

UN AMOUR
DE CUISINIER
6
皿目
PRINCE OF RECIPE

UN AMOUR
DE CUISINIER

PRINCE OF RECIPE

TOC
TOC
TOC
SHÔHEI...
SHÔHEI.
SHÔHEI !
PAH

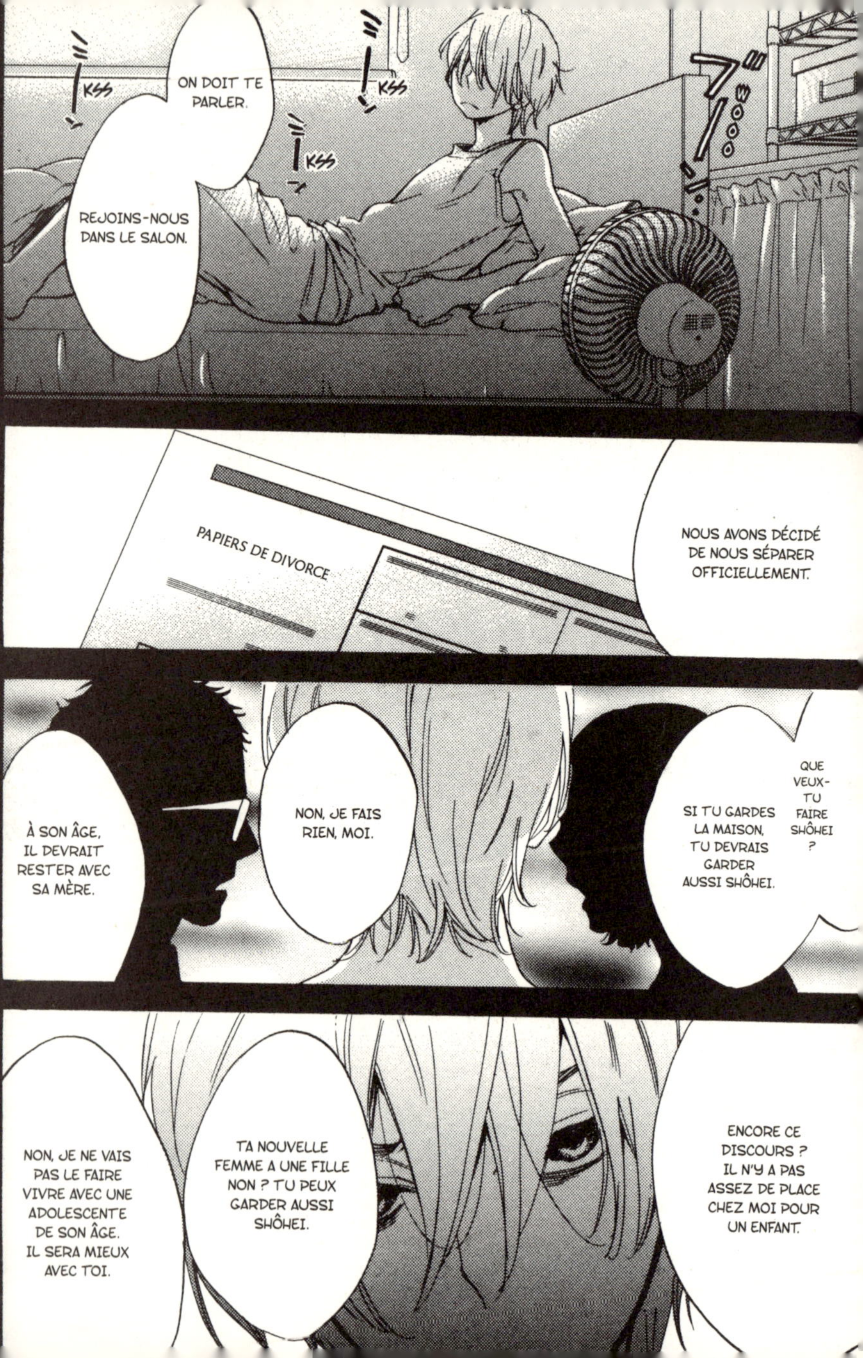
KSS
KSS
KSS
WOOO
ON DOIT TE PARLER.
REJOINS-NOUS DANS LE SALON.
NOUS AVONS DÉCIDÉ DE NOUS SÉPARER OFFICIELLEMENT.
PAPIERS DE DIVORCE
QUE VEUX-TU FAIRE SHÔHEI ?
SI TU GARDES LA MAISON, TU DEVRAIS GARDER AUSSI SHÔHEI.
NON, JE FAIS RIEN, MOI.
À SON ÂGE, IL DEVRAIT RESTER AVEC SA MÈRE.
ENCORE CE DISCOURS ? IL N'Y A PAS ASSEZ DE PLACE CHEZ MOI POUR UN ENFANT.
TA NOUVELLE FEMME A UNE FILLE NON ? TU PEUX GARDER AUSSI SHÔHEI.
NON, JE NE VAIS PAS LE FAIRE VIVRE AVEC UNE ADOLESCENTE DE SON ÂGE. IL SERA MIEUX AVEC TOI.

ÇA FAISAIT DEUX ANS QU'ON NE S'ÉTAIT PAS RETROUVÉS TOUS LES TROIS AUTOUR DE CETTE TABLE...
JE M'EN FICHE !
ET C'EST POUR ME DIRE ÇA QU'ILS M'ONT APPELÉ.
Pour décembre. Papa
CROC
CROC
TAC
C'EST FADE.
Pff

RLL
C'EST NAZE !
JE SUIS FATIGUÉ.
J'AI MÊME PAS LA FORCE DE MÂCHER.
JE VEUX RIEN MANGER.
JE M'EN FICHE.
J'AI BEAU DIRE ÇA...
JE SUIS EN COLÈRE.
MoflyMart
VIIM
Merci...
AHA

TU M'EN DONNES UN PEU ?
ON ÉCHANGE ?
Mao
SALES GOSSES !
TSS
MAIS C'EST TROP BON ! JE VAIS EN ACHETER, MOI AUSSI.
C'EST TROP POUR TOI. TU POURRAS JAMAIS TOUT MANGER !
MAIS SI, JE PEUX TOUT AVALER.
TOUT CE QUE FAIT MA GRAND-MÈRE A UNE COULEUR DE THÉ, MAIS C'EST BON.
DE LA BOUFFE AU THÉ (LOL).
NON SÉRIEUX, C'EST SUPER BON !
T'EXAGÈRES PAS UN PEU ?
VLAM
?!
HEIN ?
HEIN ?
QUOI ?!

ÇA VA PAS NON ?
ATTENDS !
TAP
AH...
J'AI JETÉ MON DÎNER.
Ha Ha
BON.
TANT PIS.
QU'EST-CE QUE JE VAIS MANGER ?
...
J'AI PLUS FAIM.
...

SAF
ザ…
ぺた…
PUH
HA...
MERDE !

TCHAC
HÉ ?
ÇA VA ?
QU'EST-CE QUE TU AS PETIT ?

PAPI...
QU'EST-CE QUI SE PASSE ?

C'ÉTAIT DONC UNE INTOXICATION.
IL A EU UN LAVAGE D'ESTOMAC ET IL SE REPOSE.
MAIS QU'EST-CE QU'IL A MANGÉ ?
JE SAIS PAS.
LE MÉDECIN M'A DIT QU'IL AVAIT BESOIN DE REPOS.
MAIS...
IL A UNE AUDITION !
JE SAIS, MAIS IL NE POURRA PAS LA PASSER DANS CET ÉTAT.
IL N'A PAS DE BOL...

KEI ?
JE VAIS AUX TOILETTES.
ELLES SONT AU FOND À DROITE.
BRR
MERCI.
TAP
TAP
C'EST MA FAUTE ?
VIIIM
OUI, C'EST LA MIENNE.

J'AI GÂCHÉ LA CHANCE DE SHÔHEI.
PAH
...
HA...
HMM
C'ÉTAIT UN RÊVE ?
J'AI RÊVÉ DU PASSÉ...
POURQUOI MAINTENANT ?
ET JE SUIS OÙ LÀ ?

C'EST...
BIZAR-RE...
J'AI L'IMPRESSION QUE J'ÉTAIS SUR LE POINT DE ME SOUVENIR D'UNE CHOSE IMPORTANTE.
HMM
TU ES RÉ-VEIL-LÉ !
HONDA, TSUBASA.
TU TE SENS MIEUX ?
TU AS EU UNE INTOXICATION ALIMENTAIRE EN PLEINE NUIT.
NON ? SÉRIEUX ?
MAIS C'EST VRAI...
HIER SOIR...
HA
ATTENDEZ...
MON AUDITION !
HII
QUELLE HEURE EST-IL ?
DU CALME, IL EST 9 HEURES...
DU MATIN.
BAH

OUF ...
Haa
JE NE SUIS PAS EN RETARD.
ON EST À L'HÔPITAL C'EST ÇA ?
OUI, IL APPARTIENT À MA FAMILLE, ALORS NE T'INQUIÈTE PAS.
QUOI ?
IL L'A DIT AVEC UN DE CES NATURELS !
ET MERCI...
D'ÊTRE RESTÉS À MON CHEVET AUSSI.
NON... C'est rien.
KEI EST LÀ AUSSI. IL EST AUX TOILETTES.
D'AIL-LEURS IL EN MET DU TEMPS.
MAINTENANT QUE TU LE DIS...
BIP
BIP
J'AI REÇU UN E-MAIL.

FROM: KEI
C'EST DE MA FAUTE, JE SUIS VRAIMENT DÉSOLÉ.
!!
OH NON !
?
BIP

...
J'ESPÈRE QU'IL VA BIEN.
JE VAIS DEVOIR M'EXCUSER AUTREMENT QUE PAR E-MAIL.
DIRECTEMENT.
COMME IL FAU
JE LE SAIS BIEN...
MAIS...
J'AI PEUR.
J'AI PEUR DE VOIR SON VISAGE, D'ENTENDRE SA VOIX.
J'AI PEUR.
J'AI PEUR DE SHÔHEI.

TAP
JE ME SUIS ENFUI ET J'AI COUPÉ MON TÉLÉPHONE.
JE NE SUIS QU'UN LÂCHE.
« CUISINER POUR SHÔHEI »
J'AI BRISÉ SON RÊVE AVEC CES MAINS...
EN PRONONÇANT CES PAROLES.
JE SUIS PERDU
JE NE POURRAI PLUS RIEN CUISINER.
COMME SI JE N'AVAIS PLUS LE DROIT DE LE FAIRE.
JE NE...

HA
SAIS PLUS QUOI FAIRE.
VIIM
PAPI...
RESTRANTE
Menu

BAKERY
C'EST DEVENU UNE BOULANGERIE.
ÇA DOIT FAIRE 7-8 ANS QUE LE RESTAU A FERMÉ. C'ÉTAIT JUSTE APRÈS LA MORT DE GRAND-PÈRE.
C'EST LA VIE...
PAPI...
PAPI, J'AI FINI !

J'AI FINI.
TU VEUX GOÛTER ?
OUI.
ATTENDS, JE VAIS D'ABORD SORTIR LES POUBELLES.
ガチャ
TCHAC
HÉ !
ÇA VA ? QU'EST-CE QUE TU AS PETIT ?
RIEN.
PFFF
TU AS FAIM ?
GROO
DE QUOI JE ME MÊLE ?
BWAH
HA HA !
ENTRE. J'ALLAIS FERMER,
MAIS JE PEUX TE DONNER UN PEU DE SOUPE.
Ha Ha.

HEIN ?
OUAH
HEIN ?
PAPI AVAIT DONNÉ DE LA SOUPE À CE GARÇON SANS MÊME LA GOÛTER.
Hi Hi
MAIS ?
CE GAR-ÇON.
HEIN ?
ATTENDS !
C'ÉTAIT...
KEI !

KEI !
...!
6E PLAT/FIN

KEI !
OUI…
CE SOIR-LÀ,

LE GARÇON QUI EST ENTRÉ DANS LE RESTAURANT, C'ÉTAIT...
UN AMOUR DE CUISINER
7
皿目
PRINCE OF RECIPE

SERS-TOI.
Hm
SÜP

HAM
どき
BOBOM
どき
BOBOM
HUAH
HUAH

UH !
TCHAC
OUAH !
TAC
TAC
MIAM
MIAM
BAM
C'EST GRAVE BON !
J'EN VEUX ENCORE !

« LA BONNE CUISINE TOUCHE LE CŒUR DES GENS ».
C'ÉTAIT LA PREMIÈRE FOIS QUE JE COMPRENAIS...
CES PAROLES QUE MON GRAND-PÈRE RÉPÉTAIT SANS ARRÊT.
BOBOM

MAIS...
C'ÉTAIT...
SHÔ...
VRAIMENT...
KEI !
HEI ?
ずっ
VLAM
Ha !
SHÔHEI...
QU'EST-CE...
QUE...
TU FAIS ICI ?
POURQUOI ?

TU ... VAS MIEUX ?
Ha
RETOURNE À L'HÔPITAL !
KEI ?
KEI, JE SUIS DÉSOLÉ.
J'AI PAS LE TEMPS LÀ, JE SUIS JUSTE PASSÉ TE DIRE UNE CHOSE IMPORTANTE.
JE VAIS TRÈS BIEN.
ET...
GWUP
JE NE SUIS PAS DU TOUT TOMBÉ MALADE PAR TA FAUTE.
BAKERY
TU...
TU N'ES PAS OBLIGÉ DE ME MENTIR.
C'EST MOI QUI AI PRÉPARÉ TON DÎNER.
JE TE DIS QUE C'EST PAS TA FAUTE !

HIER, APRÈS LE DÎNER...
J'ai eu une petite faim.
Oh, un onigiri ! Je sais pas s'il est encore bon, mais j'ai faim alors...
VOILÀ...
C'ÉTAIT COMPLÈTEMENT DE MA FAUTE.
Désolé...
HO
ALORS...
CROIS-MOI QUAND JE TE DIS QUE TU N'Y ES POUR RIEN !
ARRÊTE DE T'IN-QUIÉTER !

OUAH !
KEI ?!
ふらっ
BRR
JE SUIS...
RASSURÉ.
J'AVAIS TELLEMENT PEUR...
QUE...
TU ME DÉTESTES APRÈS ÇA. TELLEMENT PEUR...
Ha
JE PENSAIS À MOI ALORS QUE TU ALLAIS MAL.
JE SUIS UN IMBÉCILE...
UN ÉGOÏSTE.

PARDON.
TA CUISINE NE PEUT PAS ME FAIRE DE MAL.
PARCE QU'ELLE M'A DÉJÀ SAUVÉ.
HA...

IL PARLE DE LA FOIS OÙ...
C'ÉTAIT...
TOI ?
OUI, C'EST ÇA.
BIP
BIP
BIP
HO ?!
OUAH

JE DOIS Y ALLER !
C'était ton alarme ?
OÙ VAS-TU ?
ON SE RETROUVE À LA MAISON.
COMMENT ÇA ?
À MON AUDITION !
HA ...
SMACK
KEI...
J'AI BEAUCOUP DE CHOSES À TE DIRE ET À TE DEMANDER.
ALORS ...

JE RENTRERAI APRÈS AVOIR RÉUSSI MON AUDITION.
ATTENDS-MOI À LA MAISON.

BONNE...
BONNE
CHANCE !

?!
PAH
?!
IL EST...
IL EST...
TROP CLASSE...
MOI AUSSI J'AI DES CHOSES À TE DIRE SHÔHEI.
SURTOUT...

UNE CHOSE EN PARTICULIER.
POC
POC
POC
POC
POC
そわ
HM
ガラガラッ
GRII
!
BONSOIR.
COMMENT ÇA S'EST PASSÉ ?
HOP
TAP

YEAH
GÉ...
GÉNIAL !
C'EST VRAI ? C'EST VRAI ?
OUAH
OUAIS !
TU AS RÉUSSI, COMME TU ME L'AVAIS DIT !
BEN QUOI ? TU NE ME FAISAIS PAS CONFIANCE ?
BUH
C'EST PAS ÇA !

TU L'AS FAIT !
VRAIMENT.
J'AI LA CLASSE HEIN !
...
JE...
SHÔHEI, JE T'AIME.

HA HA !
TU L'AS DIT AVANT MOI !
MUHU
JE T'AIME...
KEI.

SMACK
SLUP
HAN.
SMACK
SMACK
SMACK
HM...
HM...
HA...
HA...

Ha !
Ha !
PARDON, KEI.
HMM
HMM
MAIS JE T'EMMÈNE DANS MA CHAMBRE.
HEIN ?
GNIP
TAP
TAP

TCHAC
BAM
SMACK
SMACK
PLAF
PAF
PAF
FLAP
SHIK
SHIK
SHÔ...
SHÔHEI...
CHUP
CHUP
HAH

Ha
ATT...
ATTENDS !
SMACK
SUP
SUP
HA !
HA !
KWI
KWI
HUH
PARDON.
JE NE PEUX PLUS ATTENDRE.
SLURP
!
UH...
OUAH !
JE BANDE.
HAN

ET JE VOIS QUE TOI AUSSI.
FLL
PAM
HEIN !
HA !
PLITCH
TU DÉGOULINES.
ARRÊTE...
RHAA
DE PARLER !
!
PARDON.
HAH
HAH
HA.
HM
FAP
FAP FAP

HA !
SLUP
SLUP
Han
Ha
HM
HM !
HA...
NON...
J'EN PEUX...
BOBOM
PLUS !
HAH
HAH
BRR
BRR
Ha !
TSING
IL EST MIGNON.
SUP
FRT

NON.
ARRÊTE !
FAIS PAS ÇA !
...
NON !
PLITCH
PLITCH
AH !
びくっ
HAN
びくん
HAN
PLITCH
PLITCH
JE VAIS ...
Ha !
JE VEUX VENIR EN TOI.
VLAM
UH !
AH...
GWU
HA !

HAN
SLUP
HAN !
HAM
SHIK
HM.
PAH
SHÔHEI.
JE T'AIME.
C'EST MOI...
QUI T'AIME LE PLUS.
ET DEPUIS TOUJOURS.

DEPUIS LE JOUR DE NOTRE PREMIÈRE RENCONTRE.
APRÈS ÇA,
JE SUIS REPASSÉ AU RESTAU POUR REMANGER CETTE SOUPE,
MAIS IL Y AVAIT UN PAPIER SUR LA PORTE DISANT QUE LE RESTAU ÉTAIT FERMÉ PROVISOIREMENT.
ET IL N'A JAMAIS ROUVERT.
OUI...
MON GRAND-PÈRE EST TOMBÉ MALADE ET LE RESTAU A FERMÉ.
HA...
TU SAIS...

CETTE ASSIETTE DE SOUPE...
M'A VRAIMENT SAUVÉ.
À L'ÉPOQUE, JE VOYAIS TOUT NÉGATIVEMENT ET ELLE M'A REMONTÉ LE MORAL.
J'AI ARRÊTÉ DE DÉPRIMER ET J'AI COMMENCÉ À AGIR POUR AMÉLIORER MA VIE.
TU
NE PEUX PAS SAVOIR À QUEL POINT...
JE SUIS HEUREUX DE T'AVOIR REVU...
TOI QUI M'AS CUISINÉ CETTE SOUPE.

JE PENSE...
QUE MON GRAND-PÈRE Y EST POUR QUELQUE CHOSE.
GRii
GRii
GRii
SALUT LES GARS ! ON EST RENTRÉS !
VOUS AVEZ FINI DE FAIRE DES COCHONNERIES ?
VUL-GAIRE.
EUH...
OUI.
HOP
IL RÉPOND EN TOUTE SINCÉRITÉ

BON ...
ON VA DEVOIR PARLER DE CE QU'ON VA FAIRE DE VOUS.
COMMENT ÇA ?
J'AI DIT PAS DE SEXE À LA MAISON !
TU DIS ÇA ALORS QUE TU LES AS LAISSÉS SEULS À LA MAISON EXPRÈS POUR ÇA !
TSUBASA, TU PARLES TROP !
PAPI...
IL ME RESTE DU CHEMIN AVANT DE RÉALISER MON RÊVE.
MAIS...
JE SAIS QU'UN AVENIR BRILLANT S'OFFRE À MOI.
7E PLAT/FIN

POUR MOI...
IL ÉTAIT LE PLUS BEAU DE TOUTE L'ÉCOLE.
UN AMOUR DE CUISINIER
~Dessert~
PRINCE OF RECIPE
CE SALE CLÉBARD T'APPARTIENT ?
!!
CEPENDANT IL ÉTAIT GROSSIER.
OUAF
OUAF
OUAF

PAR... PAR-DON !
IL A PERDU SA LAISSE.
C'EST TON AMI ?
HO HO
DIS PAS N'IMPORTE QUOI MAMIE, JE CONNAIS PERSONNE DANS LE COIN.
KWII
AÏE AÏE !
HO HO HO !
SOIS PLUS POLI, SALE GOSSE !
LÂCHE-MOI LA VIEILLE !
OUAF
BOBOM
BOBOM
TU HABITES DANS LE QUARTIER ?
HA...
OUI !
MON PETIT-FILS ENTRERA DANS L'ÉCOLE PRIMAIRE DU QUARTIER LA SEMAINE PROCHAINE.
SOIS GENTIL AVEC LUI.
Pff

J'AI DIT OUI TOUT EN SACHANT...
QUE NOUS N'IRIONS PAS DANS LA MÊME ÉCOLE, CAR LA MIENNE ÉTAIT PRIVÉE.
OUI MADAME !
ALORS J'ALLAIS RÉGULIÈREMENT DANS CETTE MAISON POUR LE VOIR.
IL S'APPELAIT YASUHISA.
YO TSUBASA !
C'EST QUOI CET UNIFORME ?
Ha.
BONSOIR YASU.
ILS ONT DE NOUVEAUX UNIFORMES À L'ÉCOLE, IL EST PASSÉ POUR TE LE MONTRER.
IL EST BEAU, N'EST-CE PAS ?
TSING

HA !
IL ME VA BIEN ?
GWIP
BOBOM
HA !
IL EST TROP AJUSTÉ LÀ, DÉFAIS UN BOUTON.
CARRÉMENT.
MAIS...
QUOI ?
BOBOM
HA !

ZYEUTE
TSS
ARRÊTE DE NOUS REGARDER MAMIE !
HO HO HO !
Bon, j'ai faim, moi !
Prends des bonbons.
Ça va me couper l'appétit !
JE L'AIME...
DEPUIS TOUT CE TEMPS.
HÔPITAL GÉNÉRAL SEGAWA

MAIS NON.
TU N'AURAIS PAS DÛ LUI PRENDRE UNE CHAMBRE INDIVIDUELLE, ÇA COÛTE CHER.
C'EST LE MOINS QUE JE PUISSE FAIRE.
LA MAISON SERA PEUT-ÊTRE VENDUE.
QUOI ?
SI MON PÈRE HÉRITE DE LA MAISON, IL LA VENDRA SÛREMENT.
QUAND JE PENSE QU'IL N'EST JAMAIS VENU NOUS VOIR DEPUIS QUE JE ME SUIS INSTALLÉ AVEC ELLE.
MAIS CE SALAUD MONTRERA LE BOUT DE SON NEZ ATTIRÉ PAR L'ODEUR DE L'ARGENT.
MAIS MOI...
JE NE LE LAISSERAI PAS FAIRE !
GNUP
JE...
DEMANDERAI À MON PÈRE DE TE PRÉSENTER UN BON AVOCAT.
TOUT IRA BIEN !

GWUP
PARDON...
JE NE PEUX RIEN FAIRE D'AUTRE.
JE SUIS QU'UN GOSSE...
QUI NE PEUT PAS T'AIDER.
JE...
TSUBASA.
QU'EST-CE QUE TU RACONTES ? TU EN FAIS BIEN ASSEZ.
IDIOT !
MERCI.

DE NOS JOURS.
TROIS PETITS AMIS ?!
TU CARTONNES MAMIE !
Ha Ha Ha !
OUAIS.
OUAIS.
JE VAIS BIEN.
TOI AUSSI FAIS ATTENTION À NE PAS TE FAIRE POIGNARDER !
LA FIN TRAGIQUE D'UNE RELATION PASSIONNELLE ENTRE VIEILLARDS, ÇA FERA LES GROS TITRES DES JOURNAUX DE FAITS DIVERS !
MOUAHA HA
QU'EST-CE QU'IL DIT ?
MIOM
MIOM
CETTE CONVER-SATION EST IRRÉELLE.
SA GRAND-MÈRE...
EST DANS UN HOSPICE.
HO !
ET ELLE A TROIS PETITS AMIS ?
ELLE ASSURE !
TSUBASA, ELLE VEUT TE PARLER.
FERMEZ-LA !
HOP
HA !
OUAH !

TSUBASA, TU VAS BIEN ?
LES ÉTUDES SE PASSENT BIEN ?
OUI, JE TRAVAILLE DUR.
MANGE.
TIENS.
PREND BIEN SOIN DE MON PETIT-FILS.
JE SAIS QUE JE PEUX TE LE CONFIER.
Ho Ho Ho !
TIENS.
Merci beaucoup ! Junko

ATTENTION !

Cette bande-dessinée est publiée
dans son sens de lecture original japonais,
les bulles se lisant de droite à gauche.
Vous êtes donc ici à la FIN !

Originally published in Japan in 2013 by Libre Publishing Co.,Ltd.Tokyo
French translation rights arranged with Libre Publishing Co.,Ltd.Tokyo

Libre

Dépôt légal à parution
ISBN 978-2-35180-831-3

Directeur de collection : Yves Huchez

Traduction : Nesrine Mezouane

Correction et adaptation : Elishtar

Conception graphique : Jef.Mod
Adaptation graphique et lettrage : Virginie Houdelet

Imprimé en France par Imprimerie Darantiere
N° d'impression : 14-0374